CATALOGUE

DES TABLEAUX,

DESSEÏNS, ESTAMPES, LIVRES d'Hiſtoire, Sciences & Arts, Modèles en cire & plâtre, laiſſés après le décès de M. BOUCHARDON, Sculpteur du Roi.

Dont la Vente ſe fera dans le mois de Novembre 1762, en la manière accoûtumée, au plus offrant & dernier Enchériſſeur, en une Maiſon ſiſe rue de la Magdeleine, Porte Saint-Honoré à Paris.

Par FRANÇOIS BASAN, Graveur.

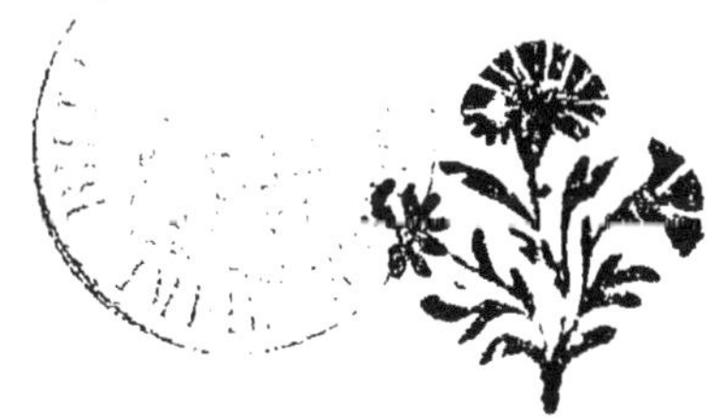

Se vend

A PARIS;

Chez DE LORMEL, Imprimeur, Rue du Foin,
à l'Image Sainte Genevieve.

M. D. CC. LXII.

AVERTISSEMENT.

LES Tableaux, Deſſeins, Eſtampes, &
Livres dont nous donnons le Catalogue, ſont le
fruit des recherches & des ſoins de M. EDME
BOUCHARDON, Sculpteur du Roi, Pro-
feſſeur en l'Académie Royale de Peinture &
Sculpture, & Deſſinateur en titre de celle des
Inſcriptions & Belles-Lettres, dans laquelle
il avoit ſéance.

En formant cette ample collection, l'illuſtre
Artiſte fut principalement occupé de l'utilité
qu'il ne pouvoit manquer d'en retirer. Imitateur
ſcrupuleux de tous les objets qu'il eut à repré-
ſenter, ſévere obſervateur des loix du Coſtume,
ne voulant abſolument rien mettre dans ſes ouvrages, dont il ne fut en état de fournir un
garant ; il en connoiſſoit mieux la néceſſité
d'avoir continuellement ſous les yeux les excel-
lentes productions des grands Artiſtes qui ſe
ſont le plus diſtingués, en cultivant les différentes parties de l'Art du deſſein, des recherches déja faites avec ſuccés facilitoient les ſien-

nés, elles le mettoient en quelque façon sur la route, plus il admiroit les efforts du génie de ces hommes rares, plus il s'en nourriſſoit, plus s'entretenoit en lui une noble émulation, qui, non-contente de l'exciter à marcher ſur les traces de ſes prédéceſſeurs, lui faiſoit chercher les moyens de porter, s'il étoit poſſible, ſes pas encore plus loin ; il penſoit ainſi dès le tems qu'il demeuroit à Rome, & qu'il y faiſoit ſes études. Preſque tout ſon tems fut conſacré à deſſiner ce que cette grande & ſuperbe Ville offre de plus remarquable ; mais quelqu'application qu'il y mit, quelque nombreuſe que fut cette ſuite de deſſeins, comme il ne lui fut pas poſſible de tout embraſſer, ni de tout emporter, il ne trouvoit à s'en conſoler qu'avec les Eſtampes qui en avoient été publiées, & qu'il avoit eu ſoin de raſſembler, il en faiſoit ſon délaſſement dans les momens de vuide que lui laiſſoient les travaux importans dont il fut chargé, & on lui a ſouvent entendu dire qu'il ne croyoit pas qu'il dût y en avoir de plus délicieux pour un Artiſte vraiment amateur de ſa Profeſſion.

Il ne se cachoit à personne combien il étoit le zélé partisan des anciens, il s'en expliquoit avec véhémence, & ne pouvoit souffrir qu'on y mit de l'indifférence, l'estime alloit presque jusqu'à l'adoration, & s'étendoit sur tous les maîtres qui jouissent d'une réputation méritée. Il eût crû être dans l'erreur, s'il n'eût pas opéré dans les mêmes principes, mais l'examen & la vue fréquente de leurs productions ne fut jamais capable d'en faire un Plagiaire ; & comment l'eût il pû être ! La nature, en lui accordant tous les talens qu'exige l'Art difficile qu'il professoit, lui fit don en même-tems du génie le plus abondant, & si facile qu'il eût pû retourner sur le champ un sujet de cent façons différentes, & y conserver toujours les mêmes graces & le même intérêt.

Nous n'en chercherons pas la preuve dans les ouvrages de Sculpture qui sont sortis de son ciseau, & qui ont déja acquis une grande célébrité. Ils ne sont pas assez nombreux. L'idée sublime qu'il s'étoit faite du beau, rendoit notre Artiste difficile & timide, quand il s'agissoit de travaux, qui confiés à des matieres précieu-

ſes & durables, devoient paſſer avec ſon nom
à la poſtérité. Jaloux de ne rien mettre au jour
qui ne fût extrêmement épuré, il s'épuiſoit alors
en réflexions, & conſumoit peut-être encore
plus de tems à méditer qu'il n'en employoit à
opérer, ſans cela il n'eſt pas douteux que nous
aurions beaucoup plus d'ouvrages de ſculpture
de ſa main ; car il étoit né vif, & perſonne
n'a manié le ciſeau avec plus de célérité. La
promptitude dans l'exécution éclatoit ſur-tout,
lorſqu'il avoit dans les mains l'ébauchoir & le
crayon, l'un & l'autre obéiſſoient ſans violence
& ſans peine à ſon génie tout de feu, & dans
la chaleur de l'imagination lui faiſoient créer
cette immenſe quantité de modeles & de deſſeins de toute eſpece, qui auroient dû ſe trouver
chez lui après ſon décés, s'il n'en avoit pas été
auſſi prodigue qu'il le fut de ſon vivant.

Ce qui en eſt reſté, & qui ſera expoſé en
vente ne devient que plus rare & plus digne
de la recherche de nos amateurs ; il conſiſte en
modeles exécutés avec une fermeté d'ébauchoir
qui les rend tout petillans d'eſprit, en deſſeins
preſque tous faits d'après nature, qui joignent

d'une justesse de trait merveilleuse, une legereté
de touche qu'on rencontre difficilement dans les
productions du même genre, & qui ont déja
mérité à leur illustre Auteur le titre d'un des
plus grands Dessinateurs qui ait encore été.

Nous n'entreprenons point de former ici
le tableau des mœurs simples & purs de l'illustre défunt, ni de faire valoir la solidité &
la droiture de ses sentimens, nous n'entrerons
dans aucun détail de sa vie. Celle d'un tel homme,
qui dans ses ouvrages n'admettoit rien qui ne
fût entierement achevé, ne comporte point une
simple esquisse, elle doit être fournie de choses, & finie avec un soin, dont nous ne nous
sentons point capables, & qui surpasse nos
forces.

Nous nous contenterons de dire en general,
que M. BOUCHARDON naquit à Chaumont en
Mai 1698 d'un Pere (qui n'étoit pas sans ta-
lent) qui exerçoit la Sculpture & l'Architecture, & qui n'oublia rien pour faire germer &
fructifier dans son fils, ceux que la nature y
avoit mis ; nous ajoûterons qu'après avoir tra-
vaillé pendant quelque tems sous M. Coustou

A iiij

Ie jeune, & avoir remporté le prix à l'Académie, il paſſa à Rome à la penſion du Roi, où
pendant un ſéjour d'environ neuf années, il ſe
fit un nom qui engagea Sa Majeſté à le rappel-
ler en France. Il y fut depuis continuellement
occupé, ou pour le Prince ou pour la Ville de
Paris, qui pleinement ſatisfaite des beaux ouvrages dont il avoit enrichi la Fontaine de la
rue de Grenelle, le choiſit par préférence pour
l'exécution de la Statuë équeſtre de Louis XV.
à laquelle il étoit prêt de donner la derniere
main, * lorſqu'une hydropiſie cauſée par un
trop grand épuiſement d'eſprit, l'a conduit au
tombeau le 27 Juillet dernier.

* C'eſt M. Pigal que le défunt & la Ville ont choiſis pour
finir l'ouvrage.

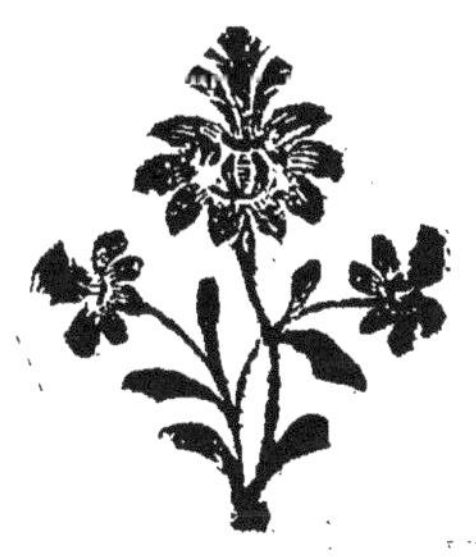

TABLEAUX.

Nº 1. UN Tableau repréſentant la Juſtice, copie d'après l'original de Raphaël, qui eſt au Vatican, portant 6 pieds de haut ſur 4 de large, dans ſa bordure dorée.

2 Le Triomphe de Bachus & d'Ariane, très-belle copie d'après le Tableau original d'Annibal Carrache, qui eſt dans la Gallerie Farneſe à Rome, de 11 pieds de large ſur 5 & demi de h. dans ſa bordure dorée, ce Tableau eſt des plus agréable, & peut orner un grand Salon.

3 Un Tableau repréſentant Judith venant de couper la tête à Holopherne, belle copie d'après le Guide, de 6 p. de haut ſur 4 de large dans ſa bordure dorée.

4 La Magdeleine aſſiſe, vuë juſqu'aux genoux, ſur leſquels elle tient une tête de mort, belle copie du Guide,

de 4 p. & demi de haut fur 3 & demi de large dans fa bordure dorée.

5 La Sainte Vierge accompagnée de St George & de plufieurs autres Sts, belle copie d'après le Tableau original du Correge qui eft dans la Gallerie Royale de Drefde, de 5 pieds de h. fur 3 de l. dans fa bordure dorée.

6 Le Mariage de Sainte Catherine, d'après le même, copié d'après l'original qui eft au Cabinet du Roi de France, de 3 pieds en quarré, dans fa bordure dorée.

7 Un Magiftrat des Pays-Bas, affis auprès de fon Epoufe, peint par Antoine Vandick, de 5 p. de haut fur 4 de l.

8 Le Portrait de Philippe I V. peint par Velafquès, de 4 pieds de haut fur 3 de large dans fa bordure dorée.

9 Une Tête peinte avec beaucoup d'Art, par Rembrandt, de 2 pieds de haut fur 18 pouces de large dans fa bordure dorée.

10 Un Payfage de fabrique Hollandoife, peint par Allard-Van-Everdingen, ce Tableau repréfente une vuë de Norvege, dans laquelle fe trouve une chûte d'eau d'un effet furprenant, de 6 pieds en quarré, orné d'u

ne simple baguette dorée à l'entour.

11 Lucrece se poignardant, Tableau original de S. Voüet, de 5 pieds & demi de h. sur 4 de l. dans sa b. dorée.

12 Un Tableau peint par M. le Brun, représentant le portrait de son Pere, de 2. pieds de haut sur 18 pouces de large dans sa bordure dorée.

13 Angélique & Médor, peint par Blanchard, de 5 pieds de large sur 3 & demi de haut.

14 Quatre Tableaux peints par Desportes, représentans divers animaux de Chasse, de même grandeur, portant chacun 3 pieds & demi de haut sur 2 & demi de large dans leurs bordures dorées.

15 Plusieurs bons Tableaux de divers sujets, grandeurs, & Maîtres, dans leurs bordures dorées.

SCULPTURE.

16 LE Modèle du Groupe principal de la Fontaine, rüe de Grenelle, faite par M. Bouchardon, dont les figures sont en cire & l'Architecture en bois, portant 2 pieds 8 pouces de large sur deux p. de haut.

17 L'élévation & la repréſentation en-
tière en carton de ladite Fontaine,
de 4 pieds de large ſur 18 pouces
de haut.

18 Nombre de figures en terre cuite ou
en plâtre, bien conſervées, exécutées pour la plûpart par M. Bouchardon.

19 Nombre de têtes de différentes groſ-
ſeurs, *Idem*.

20 Nombre de pieds, mains, & petits
enfans, *Idem*, leſquels ſeront vendus
en divers lots, ainſi que les figures &
têtes ci-deſſus.

21 Pluſieurs Conſoles en bois & en plâtre, dorées, portant 18 pouces de
haut, propres à mettre des vaſes.

DESSEINS.

22 DEUX Porte-feuilles, contenant
des Deſſeins de compoſitions & figures
académiques, faits par M. Bouchardon, qui ſeront diviſés;

23 Un Porte-feuille contenant des Deſſeins de différens grands Maîtres Italiens & autres, parmi leſquels il y en
a de très-beaux, du Vanius, Joſepin,

Perin-del-Vaga , Canuti, Polidore ,
P. de Cortone, Briccio, Piazetta, Pu-
get , &c. &c.

E S T A M P E S
reliées en Volumes.

24 DESCRIPTION de l'Eglise de
S. Pierre de Rome, par le Chevalier
Charles Fontana avec discours latin
& italien, cet ouvrage est enrichi de
quantité de figures, & a été imprimé
aux dépens de la Fabrique de Saint
Pierre à Rome en 1694. vol. in-fol.
relié en veau.

25 Les bas reliefs de Rome, publiés
sous le titre d'*admiranda Romanorum
& antiquitatum*, gravés par Pietre
Sante, derniere édition complette,
in-fol. oblong en parchemin.

26 Les Eglises de Rome en plan & en
élévation, publiées par Rossi en 1684
in-fol. oblong en parchemin.

27 Les principales Chapelles & Au-
tels des Eglises de Rome, en plans
& élévations, publiées par le même
Rossi in-fol. en parchemin.

28 Les vuës des Edifices de Rome par

Gr. Roffi vol. in-fol. oblong en veau.

29 Les antiquités Romaines ou les vues des principaux Édifices de l'ancienne Rome, ftatuës & bas-reliefs, publiés par Lafrery, in-fol. en parchemin.

30 Les Palais de Rome, par Falda, en 105 piéces, vol. obl. en parchemin,

31 Les fontaines de Rome, par le même, en 107 piéces.

32 L'Architecture civile, ou le détail des portes & fenêtres des principaux Édifices de Rome, publiée par Roffi en 1702, 1711 & 1721, 3 vol. in-fol. en parchemin.

33 Un vol. in fol. en veau, contenant 72 piéces, vuës de Rome par falda Tombeaux antiques, obelifques, &c.

34 Les bas-reliefs de la Colone trajane, premiere édition, gravés fur les deffeins de Jer. Mutian, in-fol. obl. veau.

35 Le même, relié en parchemin.

36 Les Obelifques de Rome & les vuës de la Ville Pamphile, par Falda, reliés enfemble en 1. vol. in-fol. veau.

37 Les ftatues & buftes antiques de la Ville Pamphile, in-fol. en veau.

38 Les figures de Stucq, exécutées fur les deffeins de Raphaël, par Jean de Udine dans les loges du Vatican, gra-

vées par Pietre Sante, vol. obl. veau.

39 Les Peintures de Raphaël dans les chambres du Vatican, par Aquila, en 18 piéces, grand in-fol. parchem.

40 Les Peintures des loges de Raphaël, gravées par Céfar Fantelli & Aquila, vol. in-fol. obl. parchemin.

41 Les Statuës & bas-reliefs antiques de Rome, par Perrier, premieres épreuves, 2. vol. in-fol. en veau.

42 Les anciens Arcs de triomphe publiés par Bellorii, deffinés & gravés par P. Sante, in-fol. parchemin.

43 Le premier vol. de la Gallerie Juftinienne, contenant 153 ftatuës antiques par Mellan, Blomaert. &c.

44 Un vol. in-fol. parchemin, contenant les peintures de la Galerie Farnefe, par le Carrache, deffinées & gravées par Aquila en 21 piéces.

L'affemblée des Dieux, peinte dans la loge de la Ville Borghefe, par le Lanfranc, gravées par le même Aquila en 9 piéces.

Et les Noces de Pfiché, gravées par le Chevalier Dorigny, d'après les peintures de Raphaël au Palais, nommé le petit Farnefe à Rome en 12 p.

45 Un vol. in-fol. parchemin, conte-

nant la Gallerie de Verofpi, peinte par l'Albane, gravée par Frezza, & la Galerie Pamphile, peinte par P. de Cortonne, gravée par Cefio, en 16 piéces.

46 La Gallerie Farnefe, peinte par Annibal Carrache, & gravée par Carle Cefius, in-fol. obl. en veau.

47 Les principaux vafes antiques qui font à Rome, & les plus beaux Cartouches d'ornemens qui y ont été exécutés d'après P. de Cortone, & autres publiés par D. Roffi, in-fol. obl. parch.

48 Les peintures du Palais du Grand Duc, à Florence, par P. de Cortone, gravées par Blomaert & autres en 16 piéces, grand in-fol. obl. parchemin.

49 L'entrée de l'Empereur Sigifmond dans Mantoüe d'après J. Romain, par P. Sante, en 26 piéces, & les loges de Raphaël par Chaperon, en 52 p. en un vol. in-fol. obl.

50 L'œuvre de Polidore, gravé par Ch. Albert, P. Sante, & Galeftruzzi, les frifes de J. Romain, peintes dans la falle de Conftantin à Rome, & autres Eftampes d'après Polidore, en un vol. in-fol. en veau.

51 Les vuës de Florence deffinées par

Zocchi

Zocchi & gravées par les soins du Marquis Gerini, au nombre de 52 grandes piéces en un vol. grand in-fol. en veau.

52 Les vuës des Maisons de plaisance aux environs de Florence, en 51 p. dessinées par le même Zocchi, in-fol. en veau.

53 Le nouveau grand Plan de Rome par Nolli, en 18 feuilles in-fol, relié en veau.

54 Le même en feuille

55 Les principaux Tableaux du Titien de P. Veronese & du Tintoret qui font à Venise, dessiné & gravés par Valentin le Fevre, en 50 piéces, un vol. in-fol. en veau.

56 Les vuës des Eglises & Palais de Venise, par Carlevariis, en 101 piéces, in-fol. obl.

57 Les vuës de Venise, par Marieschi en 22 piéces; dans le même vol. se trouve le Parc d'Anguien, par R. de Hooge, en 18 pieces, vol. in-fol. veau.

58 Les Tombeaux antiques de Rome, par P. Sante, publiés par D. Rossi, in-fol. en parchemin.

59 Recueil de Statuës antiques & modernes de Rome, gravées par Dori-

B

gny , Randon, & autres , en 163 p.
publiées par Roffi, in-fol. en veau.

60   Le grand Cabinet romain , ou Recueil d'antiquités , avec explication,
par M. Ange de la Chauffe , in - fol.
en veau , Amfterdam 1706.

61   *Le Pitture antiche delle grotte di
Roma del fepolcro de Nafoni* , deffiné
par Pietre Sante , avec explication
par le même de la Chauffe.

62   *Ædes Barberinæ* avec figures , de P.
de Cortone , in-fol. en parchemin.

63   *Veterum Lucernæ fepulcrales* , deffinés
par P. Sante , avec difcours traduit de
l'Italien en Latin , par Alex. Duker,

64   Iconographie par Canini , avec
nombre de fig. par Vallée , Picart,
&c. in-fol. en veau , Rome 1669.

65   Les Pierres antiques gravées par B.
Picart en 70 Eftampes avec difcours
par Ph. de Stofch , in - fol. broché
Amfterdam 1724.

66   Difcours de la Religion des anciens
Romains , enrichi d'un grand nombre de médailles & figures antiques,
in-fol. avec difcours François.

67   Le même en Italien.

68   Une fuite de 50 figures antiques
de Rome , gravées à Nuremberg par

Preiſler, d'après les deſſeins faits à Rome, par M. Bouchardon, in-4° en veau.

69 Les Deſſeins des grands Maîtres qui compoſoient le Cabinet de M. de Jabac, en 283 ſujets & payſages, gravés à l'eau forte, par Corneille, Peſne & Maſſé, in-fol. obl. en veau.

70 Soixante-ſix piéces gravées à l'eau forte, par M. le C. de Caylus, d'après les Deſſeins du Cabinet du Roi, in-fol. en veau.

71 Quatre-vingt autres piéces, *idem*, relié en veau.

72 Recueil des Têtes de caracteres & charges deſſinés par L. de Vinci, Florentin, gravé par le même.

73 Recueil d'antiquités Egyptiennes, &c. par le même, le troiſiéme vol. in-4° broché.

74 Les deſſeins des grands Maîtres Italiens, & les ſtatues & buſtes antiques, par Biſchop in-fol. en veau.

75 Les pierres gravées antiques de Léonard Agoſtini, gravées par Galeſtruzzi, en 2 vol. in-4° premiere & ſeconde partie contenant 265 piéces.

76 Recueil de Cartouches, d'après le Bernin & les principaux Sculpteurs

de Rome , deſſinés & gravés par Ph.
Juvara en 52 piéces en 1722 in-4°.

77 Recueil d'Eſtampes, d'après les plus
grands Maîtres Italiens, gravées par
les ſoins de M. Crozat, en 137 piéces
dans la premiere partie & 42 dans la
ſeconde, toutes reliées en un vol.
in-fol. en veau avec le diſcours ; l'ouvrage eſt complet.

78 Le Cabinet de M. Boyer d'Aquilles
en 118 piéces , compoſant les deux
parties gravées par Coëlmans, avec
le diſcours in-fol. en veau.

79 Un vol. in-fol en veau , contenant
vingt-quatre Eſtampes des Tableaux
du Cabinet du Roi , & la grotte de
Verſailles en 20 piéces avec les diſcours.

80 Trente-ſix grandes Eſtampes, d'après
Vandermeulen, contenuës en 1. vol.
in-fol. en veau.

81 Les Tapiſſeries du Roi , accompa-
gnées de leurs deviſes & diſcours, d'a-
près le Brun, par le Clerc , on a joint
dans le même vol. les 4 conquetes rares , in-fol. en veau.

82 Les ſtatues & buſtes des Jardins de
Verſailles, & des Thuilleries, par Mellan & Baudet, en 60 piéces in-fol. en
veau.

83 Les figures des Jardins de Verſailles,
par Simoneau in-8° en veau.

84 Courſes de têtes & de bagues, faites
par Louis XIV. en 1662. in - fol. en
veau, avec diſcours François.

85 La grande Gallerie de Verſailles en
52 morceaux, gravés par les plus cé-
lébres Graveurs du ſiécle, d'après les
peintures de M. le Brun, les épreuves en ſont parfaites & imprimées ſur
le papier extraordinairement grand,
nommé le grand Louvois, * cet Exem-
plaire eſt dans un Porte - feuille, ſans
être relié.

86 Les peintures de l'Hôtel du Préſi-
dent Lambert, d'après le Sueur & le
Brun, en 43 piéces in-fol. en veau.

87 Les habits des différentes Nations
du Levant, en 100 planches, avec

* On nomme ainſi ce papier, à cauſe de pluſieurs Theſes
qui furent dédiées au miniſtre de ce nom, dont les planches
étoient ſi grandes que l'on fut obligé de fabriquer du papier
exprés pour les imprimer, le papier de grand aigle, dont on
ſe ſert ordinairement, n'étant pas ſuffiſamment grand, l'im-
preſſion ordinaire de cette Gallerie ſe trouve ſur cedit papier ;
mais les deux coupoles qui ſont les deux plus grandes planches, ſont obligées alors d'être ployées par le haut & le bas ;
au lieu que ſur le papier de Louvois elles ne le ſont point, &
de plus c'eſt ce qui en caractériſe la primauté des Epreuves,
on ne ſçauroit trop témoigner de reconnoiſſance à M. Maſſé,
des ſoins & travaux qu'il a bien voulu prendre pour la per-
fection de cet ouvrage, ainſi que des dépenſes immenſes
qu'il a été obligé de faire à cet effet.

l'explication, in-fol. en veau.

88 Les Habillemens des différentes Nations, gravés en bois d'aprés les deffeins de Jofle Aman, en 220 piéces,
in-fol. en veau.

89 Les Modes anciennes & modernes,
gravées en bois d'après le Titien, 2
vol. in-8°, maroquin rouge, imprimées à Venife en 1590.

90 Les Habillemens de la Chine, en
quarante Eftampes colorées, in-fol.
Maroquin, à Paris en 1697.

91 L'œuvre de Gerard Laireffe, com-
pofée de 110 piéces, gravées par lui-
même, anciennes épreuves, in-fol.
en veau.

92 L'œuvre de Guillaume Baur, gravé
par lui-même & par Melchior Kuffel,
en 486 piéces, anciennes épreuves,
in-fol. en veau.

93 Les Tableaux des meilleurs Maîtres
d'Italie, recueillis par le Bourgmeftre
Rheinft, & dont la République des
Etats-généraux firent préfent à Charles fecond Roi de la Grande Bretagne
en 34 piéces, gravées par Vifcher &
autres habiles Graveurs du fiécle pré-
cédent.

94 Une fuite de vingt fujets, gravés

par Winstanley, d'après des Tableaux des meilleurs Maîtres Italiens & Flamands, étant en Angleterre, dans la Gallerie du Comte Derby.

95 Un grand vol. in-fol. en veau, très-proprement relié, contenant l'œuvre de la Fage, en 73 piéces, précédé d'un abregé de sa vie, plus dans le même vol. se trouve 50 piéces grandes & petites, composées & gravées par S. Rose, & 27 d'après Lairesse, gravées à l'eau forte par Glauber, le tout anciennes Epreuves.

96 Un vol. in-fol. contenant 142 Estampes, par Mellan, Sujets, Portraits, Figures & Bustes.

97 La Galerie du Palais Magnani, à Boulogne, peinte par les Carraches, & gravée sous la Direction de Tortebat en 15 piéces, & les sept œuvres de miséricorde par le Bourdon, en un vol. in-fol. en veau.

98 Vingt-cinq Estampes d'après le Dominicain & autres, en un vol. in-fol. en veau.

99 Un vol. in-fol. contenant 62 Estampes d'après Raphaël, Poussin, &c.

100 Un autre contenant 90 Estampes,

par Frey & autres d'après divers Maîtres Italiens.

101   Un autre contenant 270 piéces, par
M. Antoine & autres.

102   Un autre contenant 75 d'après Lanfranc, Dominicain, &c.

103   Un autre contenant 152 piéces, vases de Polidore, & des sujets d'Enfans
par Testelin.

104   Un autre contenant 85 vases de
Giardini & Stella.

105   Un autre contenant 23 Paysages
du Bourdon.

106   Un autre contenant 68 piéces du
vieux Breugel & autres.

107   Quatre autres contenant 550 piéces
diverses, par Tempeste.

108   Un autre contenant 220 piéces, par
Tempeste & autres.

109   Un autre contenant 165 piéces diverses, par Benedette Castilione P.
Testa, &c.

110   Un autre contenant 124 piéces d'a-
près le Guide, P. de Cortone, &c.

111   Un autre contenant 170 piéces d'a-
près le Sueur, Bassan & autres.

112   Un autre contenant 98 fontaines de
le Brun, vases & termes par le Pautre.

113   Un autre contenant 200 piéces di-

verses , par Stradam , Chasses & autres sujets , *anciennes épreuves.*

114   Un autre contenant 26 Estampes,
gravées en bois par Sebalde de Beham
représentant les anciens Patriarches ,
& diverses danses Allemandes.

115   Un autre contenant 112 piéces,
gravées en bois par Albert Durer.

116   Un autre contenant le Cabinet de
Girardon.

Le Tombeau du C. de Richelieu.
Les 7 Sacremens du Poussin , par
Pesne.

Et le Plafond de la Chapelle Sixte
à Rome , peint par Michel Ange,
& gravé en 6 piéces par Ge. Man-
tuan , *premieres épreuves.*

117   Un autre contenant le Plafond du
grand Escalier de Versailles , par le
Brun , le Plafond des petits Apparte-
mens en 3 feuilles, celui de la Chapelle de Sceaux en six , & les 4 Saisons
en grand , d'après Mignard.

118   Un autre contenant la petite Gallerie du Louvre, d'après le Brun , par
Saint André en 41 piéces.

119   Le Plan de Paris, levé & gravé en
20 planches, sous la Prévôté de M.
Turgot, grand in-fol, en veau.

120   Les Fêtes pour le Mariage de Madame avec l'Infant Duc de Parme, grand in-fol. en veau.

121   La Gallerie du Luxembourg, par Rubens, superbes épreuves, grand in-fol. en vélin verd.

122   L'entrée du Cardinal Infant dans Anvers, par le même, superbes épreuves, sans le discours in-fol. en veau.

123   L'entrée du même Prince dans Gand, in-fol. en Parchemin.

124   L'œuvre de Simon Voüet, en 142 piéces, grandes & petites, in-fol. en veau.

125   Soixante-six Estampes, composées & gravées par Gr. Huret, dont la Passion, grand in-fol. en veau.

126   La vie de Saint Bruno, peinte par le Sueur, dans le Cloître des Chartreux de Paris, gravée par Chauveau, en 22 piéc. anciennes épreuves in-fol. en veau.

127   *Monumenta clarorum Virorum*, in-fol. en veau.

128   Les Portraits des grands Hommes de l'antiquité, dessinés d'après les monumens, étant à Rome, gravés par Th. Galles en 168 piéces.

128 *bis* Les travaux d'Ulisse, peints à Fontainebleau par le Primatice, gravés

par Van Thulden , in-fol. en veau.

129   Un vol. in-fol. oblong , contenant
240 piéces , par Callot.

130   Les Saints de l'année , par le même
in 4°. en carton.

131   Un vol. contenant 170 piéces , par
Della Bella.

132   Un autre vol. contenant 200 piéces
par le même.

133   Un autre vol. contenant 220 paysages & animaux, par Silveſtre , &c.

134   Un autre contenant diverſes piéces,
par Hollar, Vandevelde & Boſſe.

135   Un autre contenant 40 piéces , par
Silveſtre.

136   Un autre contenant les vaiſſeaux de
Paſſebon , par Randon en 13 piéces.

137   Un autre contenant 164 Eſtampes
d'animaux divers , par Ridinger ,
Berghem & C. du Jardin.

138   Un autre contenant 54 animaux ,
par Ridinger.

139   Un autre contenant 74 animaux,
d'après Rembrandt, par Picart & autres d'après Berghem.

140   Un autre contenant 45 feuilles d'oi-
ſeaux , par Hollar & Alb. Flamen.

141   Un autre contenant 97 feuilles d'oi-
ſeaux & poiſſons , par les mêmes.

142 Un autre, contenant 130 animaux divers d'après Potter.

143 Un autre contenant 210 Eſtampes diverſes, dont 80 portraits d'après Vandick.

144 La Fable de Pſiché, gravée par M. Antoine ſur les deſſeins de Raphaël, vol. in-4° maroquin rouge.

144 *bis*. Le Temple des Muſes, par Marolles, avec les figures de Diepenbeck, in-fol. en veau.

145 Les emblêmes d'Horace, par Otho Vœnius, in-4° en veau.

146 Les Hermites & Anachoretes, par Sadeler, en 2 vol. in-4°.

147 Les Métamorphoſes d'Ovide en 52 piéces, par Golzius, in 4° en veau.

148 Les impoſtures innocentes, par B. Picart, in-fol. en veau.

149 Les Sculptures de l'Hôtel de Ville d'Amſterdam, par Artus Quellinus, in-fol. en parchemin.

150 L'Hôtel de Ville d'Amſterdam, par Jacob Vancampeu, 2 vol. in-fol. en parchemin.

151 Les Guerres de Flandre, par R. de Hooge, en 30 piéces in-fol. obl. en parchemin.

152 Les Indes Orientales & Occidentales

en 45 feuilles, par le même in - fol.
broché.

153   Traités des Pompes à boyaux, par
Vander-Heyden, enrichi d'Eftampes
repréfentans différentes incendies
d'Amfterdam, gravées par l'auteur,
in-fol. en veau, Amfterd. 1690.

154   Traité du mouvement des eaux, par
Fontana, in-4° en Italien.

155   Defcription du Palais du Duc de
Savoye, appellé la Vennerie, avec
la repréfentation des peintures de J.
Miel, par Tafniere, in-4° en veau.

156   Le Cabinet des beaux Arts, avec
figures d'Edelinck & autres, in-4° en
maroquin; dentelles.

157   L'œuvre de Meiffonier, grand in-fol.
broché.

158   Vingt - quatre fujets peints par
Rubens dans les plafonds de l'E-
glife des Jéfuites d'Anvers, gravés
par Punt fur les deffeins qu'en avoit
fait le Sr Dewitte, Peintre, il comp-
toit les graver lui-même à l'eau forte,
mais la mort l'en a empêché, lorfqu'il
mourut, il en avoit déja gravé 10
morceaux, lefquels fe trouvent joints
aux 24 gravés par Punt, en tout 34
piéces brochées en 1 vol. in-fol.

159 Quatorze vol. reliés en veau & parchemin, contenant diverses suites
d'antiquités Romaines, ornement de
Stella, &c.

159 *bis.* La Fable de la chûte de Phaëton,
& celle d'Apollon & de Diane, peintes; la premiere par l'Albane dans la
Gallerie du Château de Bassano, ap-
partenant à la Maison Justinienne, &
la seconde, par le Dominicain, en une
des Chambres du même Palais, en 26
piéces, vol. in-fol. broché en carton.

160 Description abregée des principaux
Arts & Métiers, & des instrumens qui
leur sont propres, en 143 planches
in-4° broché.

160 *bis.* Les Peintures du Cabinet Farnese,
par An. Carrache, gravées par Aquila
en 13 piéces in-fol. en parchemin.

161 Les vingt-quatre Estampes des ruines de Grece, gravées par le Bas pour
le vol. de M. le Roi Architecte, in-fol.
oblong, broché.

162 Les ruines d'Athênes & de Grece,
publiées en Angleterre, in-f. en cart.

163 Histoire générale des Insectes de
l'Europe en 184 Estampes, avec la
description, par Mlle Meriau; in-fol.
en veau.

164 Les Plantes de Surinam, *Idem*, en 72 planches, in-fol. broché.

165 Un vol. in-4° en veau, contenant 95 feuilles d'animaux, faits pour être insérés dans les Mémoires de l'Académie des Sciences.

166 Histoire des animaux, par Gemer, in-fol. en veau.

167 Le Cabinet d'Histoire naturelle, de Besler, avec figures in-fol. en veau, discours latin.

168 Histoire des Poissons de Rondelet, in-fol. en veau.

169 Les oiseaux de Robert, en 31 piéces en parchemin, & un autre vol. contenant 68 poissons divers.

170 L'Histoire naturelle des quadrupedes & oiseaux de Jonston, in-fol. en veau, latin.

171 Les coquilles de Rumphius, Edition de 1711, in-fol. en veau.

171 *bis.* Des Jeux de l'enfance, par Stella, in-4° en veau.

172 Histoire générale des drogues, par Pomel.

173 L'Anatomie générale du cheval, traduit de l'Anglois, par Garsault, in-4° en veau.

174 L'anatomie du cheval, par Ruini,

avec figures en bois, in-fol. en veau.

175 L'école de Cavalerie de la Gueriniere, 2. vol. in-8°.

176 Le Manége Royal, par Pluvinel, bonne édition & belles épreuves, in-f. en parchemin.

177 L'art de monter à cheval, par Neucastle, in-fol. en veau.

178 Le détail des opérations pour la fonte de la Statuë équeftre de Louis XIV. par M. Bosfrand, in-fol. en veau.

179 Les Plans & profils des princ. elles Villes conquifes par Louis XIV. defïïnées par le Ch. Beaulieu, en 5 vol. in-4° oblong, en veau.

180 Mémoires d'Artillerie, par M. de S. Remy, 2e édition, Paris 1707, 2 v. in-4° en veau.

181 L'attaque & la défenfe des Places, par Vauban, in-4° en veau.

182 Recueil des Côtes maritimes de France, in-4° broché en 50 feuilles, Paris, 1757.

183 Journal du Camp fait à Compiegne en 1739, en préfence du Roi, avec les épreuves des Mines, in-8° broché.

184 Atlas portatif pour les voyageurs & militaires, 2 vol. in-4° en veau, contenant chacun 100 Cartes, par le Rouge, Paris 1759.   Recueil

185 Recueil des Fortifications & Ports-
de-mer de France, en 88 planches
in-8° & Recueil des Villes & Ports
d'Angleterre, en 18 planches, in-8°
broché.

186 Les observations de plusieurs singu-
larités & choses mémorables trouvées
en Grece, Asie, Judée, Égypte, &
autres Pays étrangers, par Belon, avec
figures en bois, in-4° en parchemin.

187 Les Navigations & Péregrinations
orientales de N. de Nicolay, Geo-
graphe du Roi, avec figures in-fol.
en parchemin,

188 Les Œuvres d'Ambroise Paré, premier Chirurgien du Roi, 10ᵉ édition
avec figures en bois, in-fol. en veau,
Lyon 1641.

189 Le même, Lyon 1568.

190 Observations antiques de G. Simeon
Florentin, in-4° en parchemin.

191 Les antiquités de Rome, par Et.
Duperac.

192 Un vol. in-4°. oblong, contenant
50 feuilles d'insectes & fleurs.

193 Les raisons des forces mouvantes,
par Sal. de Caüs in-fol. en parchemin
Paris 1624.

194 L'Architecture civile, réduite aux

C

régles de Perspective, par Bibiena, en 5 parties, dont la quatriéme contient un Traité pour la scène Théatrale, in-fol. en parchemin.

195 Un vol. in-fol. oblong, en vélin vert, contenant divers plans & élévations de Palais, par le Pautre.

196 Le Livre des 5 ordres d'Architecture de Vignol, édition originale, in-fol. en parchemin.

197 Les Édifices antiques de Rome, mesurés par Desgodets, in-fol. en parch.

198 L'Architecture d'André Palladio, avec discours Italien, in fol. en parchemin, Venise 1642.

199 L'Architecture du même, mise en François par Chambroy, in-fol. en veau, Paris 1650.

200 L'Architecture du même, avec les Notes d'Inigo Jones, publiés par Leoni, traduit de l'Italien en François, 2 vol. in-fol. grand papier, à la Haye, 1726.

201 Idée de l'Architecture universelle, par Vin. Scamozzi, édition Italienne & originale, in-fol. en veau, à Venise, 1615.

202 Œuvres d'Architecture de Scamozzi, traduit en François par Daviler &

Samuël Dury, in fol. en veau, à la Haye, 1736.

203 La Perspective à l'usage des Peintres & Architectes, par le Pere Pozzo, en Latin & Italien, premiere & seconde partie, imprimée à Rome en 1723, in-fol. en veau.

204 Les six Livres d'Architecture de Seb. Serlio, Latin & Italien, in-fol. en parchemin, Venise 1663.

205 La perspective pratique nécessaire à tous Peintres & autres Artistes, par le Frere Dubreuil, in-4° en veau 1642.

206 L'Architecture de Vignol, avec les Commentaires de Daviller, 2 vol. in-4° en veau, Paris 1710.

207 L'Architecture de Fischer, grand in-fol. oblong en veau.

208 L'Architecture de Philibert Delorme, in-fol. en parchemin, Paris 1668.

209 L'Art de bien bâtir, par le même, in-fol en parchemin.

210 L'Architecture pratique, par Bullet in-8°, en veau, Paris 1691.

211 Principes de l'Architecture, Sculpture & peinture, par Felibien, in-4° en veau, Paris 1684.

212 Les plus beaux Bâtimens de France, par du Cerceau, Paris 1674. in-fol. en veau.

Le second Livre d'Architecture, par le même, en parchemin.

213   Ordonnance des cinq efpéces de colones, felon la méthode des anciens, par Perault, in-fol. en veau, Paris 1683.

214   Cours d'Architecture par Blondel, in-fol. en veau, Paris 1675.

215   Parallele de l'Architecture, antique & moderne, in-fol. en veau, Paris 1702.

216   Traité des manieres de deffiner l'Architecture, par Ant. Boffe.

217   Œuvres d'Architecture de le Pautre 4 vol. in-fol. en veau.

218   L'œuvre de Marot, contenant plus de 200 morceaux d'Architecture, Plans, profils & élévations, in-fol. en veau.

219   L'Architecture de Vitruve, in-fol. en veau Paris 1684.

220   L'Architecture Françoife, ou Recueil des Plans, élévations, coupes & profils des Palais, Hôtels & Maifons particulieres de Paris & de France, publiée par J. Mariette, en 1727, en 3 vol. in-fol. en veau, & le quatriéme publié en 1738 d'un forma plus grand que les trois autres, contenant les

Louvre, Versailles & Maisons Roïales.

221 Le secret d'Architecture, &c. par Math. Jousse, in-fol. parchemin.

222 Les deux premiers Livres d'Architecture de Seb. Serlio, traduit en François par Martin, in-fol. en parchem.

223 Huit vol. in-4° brochés, contenant divers traités d'Architecture, &c.

224 L'architecture de Jos. Viola Zanini, Peintre & Architecte de Padouë, in-4° en parchemin.

225 Description des peintures de Boulogne, in-12 en parchemin.

226 *Il mercurio errante*, in-12 p. *Roma* 1693.

227 La description des peintures de Venise, in-12 broché.

228 Itinéraire nouveau de l'Italie, par F. Scotti, in-12 en parch. Rome 1717.

229 Réflexions sur la peinture, in-12 broché, la Haye 1747.

230 Mémoires critiques d'Architecture, contenant l'idée de la vraye & de la fausse Architecture, in-8° broché, Paris 1702.

231 Neuf vol. in-12. reliés, traité des feux artificiels & autres.

232 Institutions de Géométrie, par de la Chapelle, 2 vol. in-8° en veau.

233 Traité de la construction & des prin-

cipaux ufages des inftrumens de Ma-
thématique, par Bion, in-4° en veau,
Paris 1725.

234   Élémens de Fortifications, in-8°.

235   Traité de Géométrie, in-8°.

236   Ufage du compas, in-8°.

237   Traité de l'Arpentage, in-8°.

238   L'ufage des Globes, celefte & ter-
reftre, & des Spheres, fuivant les différens fyftêmes du monde, par Bion,
in - 8°

239   Le Jardinier fleurifte, in-8°

240   La Théorie & pratique du Jardi-
nage, in-4° en veau, Paris 1747.

241   La nouvelle Maifon ruftique, 2 vol.
in 4° Paris, 1743. avec figures.

242   Dictionnaire de Géographie, par
Vofgien, Paris 1747.

242 *bis.* Méthode pour apprendre la Géographie, Paris 1734.

243   Traité des manieres de graver en
Taille-douce, par Boffe, Paris 1701.

244   Science & proportion des Lettres
Rom. par Geoffroy Tory, Paris, 1549.

245   Lettre fur la peinture, Sculpture
& Architecture, Amfterdam 1749.

246   Traité de Miniature, Paris 1697.

246 *bis.* Dialogue fur le coloris, Paris 1699.

247   Conférence de M. le Brun fur l'ex-

preſſion des Paſſions avec figures de Picart, Amſterdam 1713.

148 Méthode de lever les Plans, &c. Paris 1716.

249 L'art de la Peinture, par Dufrenoy, Paris 1684.

250 Hiſtoire des Arts qui ont rapport au deſſein ; par Monier, Peintre du Roi, Paris 1698.

251 L'art de peindre, Poëme par M. Watelet in - 4° broché, Paris 1760.

252 Le même in-12 broché.

253 *Gli Eccelſi pregi delle belle arti*, par Seb. Conca, in - 4° en veau, Rome 1733.

254 Les Sentimens des plus habiles Peintres, ſur la pratique de la Peinture, par Teſtelin, in-fol. en veau, Paris 1680.

255 La vie des Peintres, par George Vaſari, 3 vol. in-4° en parchemin.

256 Entretiens ſur les vies & ouvrages des plus grands Peintres, in-4°. Paris 1688, 3 vol.

257 La vie des Peintres, par Felibien, 6 vol. in-12, Trévoux 1725.

258 Vie des premiers Peintres du Roi, depuis M. le Brun, par l'Epicié, in-12 broché, Paris 1752.

C iv

259 L'anatomie du corps humain, par Vefale, in-fol. en parchemin, Amſterdam 1617.

260 Le même traduit en François, par Grevin, Paris, 1669.

261 Abrégé d'Anatomie, par Tortebat, in-fol. en parchemin.

262 Les grand & petit Albert, 2 vol. in-12.

263 Les proportions du corps humain, par G. Audran, in-fol. broché.

264 La phiſionomie humaine de J. B. Porta, Napolitain, in - 8º en parchemin.

265 Le Livre à deſſiner de J. Couſin, in -4º en parchemin.

266 Les proportions du corps humain, par Albert Durer, traduit du Latin en François, par Meigret, in-fol. en parchemin, Paris 1557.

267 Proportions du corps humain, inventées & deſſinées par Jacob de Vitte, Peintre Hollandois, en 12 planches, avec diſcours François, in-fol. broché.

268 La lumiere de la peinture & du deſſein, par Criſp. de Pas, in - fol. en veau, Amſterdam 1665.

269 Les principes du deſſein, par G. Lai-

reffe , in-fol. en veau , Amft. 1719.

270 Traité de Peinture de Leonard de Vinci , traduit de l'Italien en François , par Chambroy , Paris , 1751 , en parchemin.

271 Traité de peinture de Leonard de Vinci , mis au jour par Raphaël Dufrefne , publié à Paris en 1651 , avec difcours Italien , in-fol. en veau.

272 Principes du deffein d'après Piazetta, par Pitteri , en 48 feuilles , avec difcours Italien , in-fol. obl. broché.

273 Le Catalogue de l'œuvre de Rembrant , avec fupplément , in-12 relié.

273 bis. Un paquet de divers Catalogues de Cabinets , de Tableaux & curiofités , in-12 brochés.

274 Iconologie ou explication des emblêmes & figures hyeroglifiques des vertus, fciences, &c. Par J. Baudouin, in-fol. en veau.

275 Les portraits des Empereurs depuis, J. Céfar jufqu'à Charles V. en médaillons gravés en bois d'après Hubert Gholtz, Peintre Flamand , in-fol. en veau.

276 La pompe funébre de Jacques II. Roi de la Grande Bretagne , avec figures in-fol. en veau.

277 Mythologie, ou explication des Fables, in-4° Lyon 1612.

278 La science héroïque traitant de la Noblesse & de l'origine des armes, de leurs Blasons & Symboles, par de la Colombiere, seconde édition, Paris 1669, in-fol. en veau.

279 Histoire des Juifs, par Fl. Joseph, traduite par M. Arn. Dandilly, avec beaucoup de fig. in-fol. Amsterdam.

280 Histoire des Antilles, par du Tertre, avec figures de le Clerc, in-4° Paris 1667.

281 Histoire naturelle & morale des Isles Antilles de l'Amérique, avec figures in-4° Rotterdam. 1658.

282 Histoire des Croisades, par Maimbourg in-4° Paris 1684.

283 Histoire de l'Empire Ottoman, par Briot, avec fig. de le Clerc, in-4° Paris 1670.

284 L'Histoire du monde de Pline, traduite en François, par Antoine Dupinet, 2 vol. en maroq. Lyon 1594.

285 Histoire de l'Amérique, avec beaucoup de figures, in-fol. avec discours Latin imprimé à Francfort.

286 L'Ambassade de la Comp.e Orientale des Provinces-Unies, à l'Empe-

reur de la Chine, par Jean Nieuhoff,
mis en François par Carpentier His-
toriographe.

287   Voyage au Levant, Egypte, Syrie
& Terre Sainte, par Corn. le Brun,
3. vol. in-fol. en veau.

288   Description de l'Afrique, avec beaucoup de figures, traduite du Flamand
par Dapper, in-fol. en veau.

289   Pausanias, ou voyage historique de
la Grèce, par Gedoyn, 2. vol. in-4°
Paris, 1731.

290   Les Tableaux de Philotrate, in-fol.
Paris, 1637.

291   Le Virgile, par M. de Marolles,
in-fol. en veau, avec figures, par
Chauveau.

292 Métamorphoses d'Ov. par du Ryer,
in-fol. avec figures, par Tempeste.

293   Les mêmes - - - - - in-fol. avec
figures, par Briot.

294   Les mêmes, par l'Abbé Banier, 3
vol. in-12, Amsterdam 1752

295   L'éloge de la folie, traduite par
Gueudeville, avec figures de Hol-
bein, in-12, Amsterdam 1728.

296   Petrone, Latin & François, 2. vol.
in-12. avec fig. Amst. 1734.

297   Contes de Bocace, 2 vol. in-12 à
Cologne 1702.

298 Contes de la Fontaine, in-12 en Parchemin, avec figures, par Romin de Hooge, Amsterdam 1699.

299 Les Fables du même, avec figures 3 vol. in 12, Paris 1729.

300 Les amours de Psiché, du même.

301 Les œuvres de Rabelais, 2 vol. in-18, 1675.

302 Poëmes & Théâtres des Corneille, 10 vol. in-12.

303 Œuvres de Moliere, 8 vol. in-12.

304 Le Roman comique, par Scaron, 2 vol. in-12.

305 L'Ane d'or, 2 vol. in-12, maroq.

306 Domquichotte en 5. vol. in-12.

307 La Princesse de Cleves, 2 vol. in-12.

308 Le Diable boiteux, 2 vol. in-12.

309 Essais de Montagne, 3. vol. in-12.

310 Les amours de Theagene & Chariclée, 2. vol. in-12 1743.

311 Les amours de Daphnis & Chloé, avec les figures de M. le Régent, in-8° en maroquin.

312 Le même, avec figures de Scotin.

313 Six vol. d'Histoires détachées, in-12.

314 Huit autres, *idem.*

315 Dictionnaire universel, avec supplément, 7 vol. in-fol. en veau.

316 Dictionnaire économique, par Chomel, 2 vol. in-fol, en veau.

317 Les antiquités expliquées, par Mon-
faucon, 10 vol. in-fol.

318 Histoire Eccléfiastique de **M. de**
Fleury, en 36 vol. in-4°

319 La Bible de Sacy, 3 vol. in-fol. veau.

320 La Bible de Dom Calmet en 14 vol.
in-4°, Paris 1748, &c.

321 Histoire de l'ancien Testament, par
le même, 4 vol. in-4°, Paris 1737.

ESTAMPES
en Feuilles.

322 SOixante-dix-huit gravées à l'eau-
forte par C. Maratte, Guide, &c.

323 Dix-sept par le Carrache, &c.

324 Douze grandes, gravées en bois
d'après le Titien & autres, dont le
paffage de la mer rouge & plufieurs
autres piéces rares & belles.

325 Vingt-fix d'après le Baroche, Guerchin, Cyro-Ferri, &c.

326 Quarante-quatre d'après le Titien,
Paul Véronefe, Villamene, &c.

327 Huit compofitions gravées à Venife,
dans le goût du Lavis, par Bartholozzi, d'après de fuperbes deffeins de
Benedette Caftilione, lefdites Eftam-

pes font imprimées au biftre, telles
que font faits les deffeins.

328   Douze autres, par le même, d'après
de fuperbes deffeins du Guerchin,
dont les originaux font en poffeffion
de M. Zanetti & autres curieux, a
Venife.

329   La fuite des fuites en Egypte, com-
pofée & gravée par Tiepolo, Peintre
Vénitien, en 27 morceaux.

330   La Paffion de N. S. du même, en
14 piéces.

331   Vingt-fept têtes du même, dont les
caractéres font admirables.

332   Six fujets de compofition du même; les belles ordonnances & la fineffe
de pointe de cet habile Artifte font
affez connuës pour être difpenfé d'en
faire ici l'éloge.

333   Treize Payfages, d'après Marco Ricci
par Wagner.

334   Huit fujets gravés par Zilotti, dans
le goût, & d'après des deffeins au biftre, faits par Simonini.

335   Six grandes compofitions, fujets de
la Fable, compofées & gravées à l'eau-
forte, par Guarana, Peintre Vénitien,
& quatre Payfages, compofés & gravés par Zilotti, Peintre à Venife.

336 Six grandes vuës de Venife, gravées d'après Mariefchi, par le même
Zilotti.

337 Six Plafonds, peints à Venife par
Fontebaffo, Guarana & autres, gravés par Bartholozzi.

338 Sept Eftampes gravées par Wagner,
d'après C. Maratte & autres.

339 Douze Payfages, gravés par le même, d'après Zuccarelli.

340 Trois grandes eaux-fortes, fçavoir,
la prédication de Saint Jean-Baptifte,
& le miracle de Saint Antoine de Pa-
doüe, par Pafinelli, & Jofeph faifant
diftribuer le bled en Egypte, de
Barth. Bremberg.

341 Les Habits des différens Ordres reli-
gieux, en 72 piéces à l'eau-forte, par
Fialetti.

342 Quatre Eftampes, compofées & gravées par l'Efpagnolet, fçavoir, les
trois Pénitens & la Bachanale.

343 Les cris de Boulogne, en 34 piéces
d'après le Carrache, gravés à l'eau-
forte, par Mitelli.

344 Huit Eftampes, dont le grand Cal-
vaire du Tintoret, gravé par Aug.
Carrache, &c.

345 La Fable de Vénus & Adonis, &

les grands élémens en rond , d'après
l'Albane , gravés par Baudet, en 8 p.

346 Six Eſtampes, dont Bataille de Conſ-
tantin par Aquila , & autres piéces
du Pouſſin.

347 Dix-huit d'après le Correge & autres
dont la Coupole de Parme , gravée
par Vanni , en 15 piéces , &c.

348 Les trois Eſtamp. d'après le Correge ,
dont les Tableaux qui appartenoient
à la Reine de Suéde, ont appartenus à
S. A. R. M. le Régent , gravées par
Duchange , premieres épreuves.

349 Quatre d'après le Pouſſin , dont le
tems qui enleve la vérité , chef-
d'œuvre de Gerard Audran , épreuve
avant la Draperie , & le grand paſ-
ſage de la mer rouge d'après Verdier.

350 Quatorze d'après le Guide & autres ,
dont la Couſeuſe.

351 Dix d'après le Pouſſin , dont les 7
Sacremens , par Châtillon.

352 Le Repoſoir , piéce capitale , par
Della Bella.

353 Trente - cinq Eſtampes d'après le
Sueur , J. Couſin , &c.

354 Cent huit petites piéces à l'eau-forte ,
par J. B. de Wael & autres.

355 Vingt-deux , par Vandevelde , &
Ferdin.

Ferdin. Bol, Métiers, &c. &c.

356 Onze, par Théodore de Bry, l'âge d'or, la petite Foire de Venife, le Triomphe de Bacchus, &c.

357 L'œuvre de Goudt, Comte Palatin, en 7 piéces, d'après Elfeimer,

358 L'*Ecce Homo* de Rembrandt, piéce capitale de ce Maître, fuperbe épreuve.

359 Les trois Croix, par le même, fur papier de foye, fuperbe épreuve.

360 La Guérifon des malades, connuë fous le nom de la Piéce de cent Florins, très-belle épreuve.

361 Le Portrait du grand Copenol, belle épreuve.

362 Six par le même, dont la grande defcente de Croix, la préfentation au Temple, Un payfage où eft une fuite en Egypte, &c.

363 Quinze fujets divers, par le même.

364 Dix Portraits divers, par le même Rembrandt.

365 Quinze fujets divers, par le même, dont le denier de Céfar, la Chafteté de Jofeph, &c.

366 Six, par le même, dont la mort de la Vierge.

367 Le Sacrifice d'Abraham, par Ferd. Bol. fuperbe épreuve.

D

368 Dix-sept piéces d'après Rembrandt, par M. le C. de Caylus, Picart, &c.

369 Douze piéces, copies d'après des Estampes de Rembrandt, très-rares, dont le Bourgmestre six. l'Avocat Tolling, &c. par Basan.

370 Huit têtes, gravées à Londres dans le goût de Rembrandt, par Vorlidge & Houston.

371 L'œuvre d'Ostade en 52 piéces, gravées par lui-même.

372 L'œuvre de Bega en 32 piéces, gravées par lui-même.

373 Dix compositions & têtes, gravées par Landereer, Peintre Allemand.

374 L'*Ecce Homo* d'après Vandick, par Bolsvert, superbe épreuve.

575 Le grand Christ, avec la Magdeleine & Saint Jean au bas, & la Vierge à la danse des Anges, du même Vandick, belles épreuves.

376 Huit grandes Chasses d'après Rubens, par Soutman, Bolsvert, &c. superbes épreuves.

377 Cinq sujets d'après le même, dont la Conversion de Saint Paul, &c.

378 Trois d'après le même, dont Daniel dans la fosse aux Lyons, belles épreuves, &c.

379 Sept, *idem*, dont la Bataille des
Amazones, Philippe IV. &c.

380 Trois, *idem*, le Triomphe de la Religion, le Maffacre des Innocens &
la grande Pêche miraculeufe.

381 Trois, *idem*, Le Chrift au tombeau ;
le portement de Croix & Saint François Xavier.

382 Trois *idem*, la Vierge aux Anges, le
Jugement dernier, par Vifcher & la
Cêne.

383 Trois *idem*, L'adoration des Rois en
2 feuilles, par Vofterman, le Serpent
d'airain, &c.

384 Six, *idem*, dont un Chrift, par Bolf-
vert ; &c.

385 Quatorze d'après Vandick & Rubens, dont Melchifedech, &c.

386 Le Tems qui coupe les aîles à l'A-
mour, d'après Vandick, gravé par
Macardel, en maniere noire.

387 Deux d'après Jordans, le Roi boit
& le Concert.

387 bis Cinq *idem*, dont Mercure, Jupiter
allaité, &c. belles épreuves.

388 Dix d'après Rubens, Jordans & Segers, dont la Sufanne de P. Pontius,
belle épreuve.

389 Trois Eftampes, fuperbes épreuves ;

le reniement de Saint Pierre d'après
Segers, la chaste Susanne d'après Rubens, par Vosterman, & Meleagre,
par Blomaert.

390   Quinze portraits de Vandick, dont
10 avec l'adresse de Vanden - En-
den, &c.

391   Quarante - huit portraits divers d'a-
près Vandick, & autres.

392   Deux Estampes rares, par Hollar ;
l'incrédulité de Saint Thomas & la
Cathédrale d'Anvers, belles épreuv.

393   La Paix de Munster, & une baca-
nale de Léopards, par Suyderoef.

394   Les Tombeaux des Grands Hommes d'Angleterre, gravés d'après les
desseins des plus habiles Peintres, en
20 piéces.

395   Onze Estampes représentant divers
Tombeaux de Saint Denis en France.

396   Les Saints de Flandres en 20 piéces,
par Vischer, superbes épreuves.

397   Quatre-vingt trois sujets de dévo-
tion, par C. Galles, belles épreuves.

398   Les Fêtes données à l'Empereur
Leopold, en 9 piéces, par R. de
Hooge, & de plus, deux desdites
épreuves avant la lettre, cette suite
est rare.

399 Six piéces, *idem*, rares, le Maſſacre des Meſſieurs Dewitte, le Caroſſe arrêté, &c. &c.

400 Neuf, *idem*, piéces hiſtoriques, dont la reception du Roi Jacques, à Saint Germain-en-Laye, &c.

401 Cinq Eſtampes, par Viſcher, dont la mort aux rats, &c.

402 Les trois grands Siéges de Callot.

403 La vie de N. S. gravée par Parrocel dans le goût de Rembrandt, en 25 piéces.

404 Onze Eſtampes de Rüines, d'après J. P. Panini, & autres.

405 Trente-ſept, de Vierix & autres, dont la Paſſion, par Ghein.

406 Cent vingt, d'après des deſſeins du Cabinet du Roi, par M. le C. de Caylus, & autres.

407 Trente-trois, par N. de Brüyn & autres.

408 Vingt-ſix payſages, par Glaubert, d'après Gaſpre, &c.

409 Cinq grandes Eſtampes d'après Coypel, le *Quos ego* & pendants.

410 Cinq, par Edelinck, dont le grand Chriſt aux Anges en 2 feuilles & autres Thèſes d'après le Brun.

411 Huit portraits divers, dont celui de M. Maſſé, par Wille.

413 Quarante - deux Estampes, par le
Pautre, Vases frises, &c.

414 La Pierre du Louvre, par le Clerc,
belle épreuve.

415 Dix piéces, par le même, dont
l'Histoire de Psiché, ancien. épreuv.

416 Dix Vignettes & Titres de Livres,
par B. Picart.

417 Quatre grandes compositions d'a-
près M. Bouchardon, dont les Fêtes
lupercales.

418 Le Roman comique en 26 piéces,
composé & gravé à l'eau-forte, par
Oudry.

418 *bis* Trente-six Estamp., par Gillot, &c.

419 Cinquante-quatre vûes de Palais &
Places d'Allemagne.

419 *bis* Quinze Estampes, par le Bas, &
autres d'après Teniers, &c.

420 Vingt piéces d'après la Joüe & autres.

421 Douze par Vischer, d'après Berghem.

422 Dix-huit portraits d'après Rigaud &
autres.

423 Quarante piéces diverses, dont les
Empereurs d'après Rubens.

424 Un Porte-feuille contenant plus de
600 Vignettes d'après Cochin, Gra-
velot, Eisen & autres, qui seront
divisées.

425 Plusieurs volumes de papier blanc, reliés en vélin vert.

426 Plusieurs boëtes in-fol. en forme de Livres, couvertes en parchemin, & plusieurs Porte-feuilles, remplis de papier blanc & bleu pour dessiner.

427 Une boëte en lac, renfermant 16 bâtons d'encre de la Chine.

428 Une boëte remplie d'échantillons de marbres rares de différentes espéces & couleurs.

429 Une figure en bois d'environ 3 pieds de haut, servant de Mannequin pour draper des figures.

430 Plusieurs garnitures d'armoires & cheminées, d'Urnes & Vases de Porcelaines du Japon, dont plusieurs garnies en or moulu.

431 Trois Globes & Spheres montés sur leurs pieds.

432 Un Clavessin, un Violoncel, deux Violons & une Mandoline.

F I N.